# VON PECHVÖGELN UND UNGLÜCKSRABEN

Martin Auer

# VON PECHVÖGELN UND UNGLÜCKSRABEN

*Bilder von Simone Klages*

BELTZ
& Gelberg

Martin Auer, *geb 1951 in Wien, kam nach angefangenem Studium zum Theater als Schauspieler, Dramaturg und Musiker. Danach war er in der Werbebranche tätig. Martin Auer lernte zaubern, legte die Magierprüfung ab und lebt heute als freier Zauberkünstler und Entertainer in Wien. Er schreibt Gedichte und Geschichten und veröffentlichte bisher die Kinderbücher: »Was niemand wissen kann«, »Der Sommer des Zauberers«, »Bimbo und sein Vogel« (mit Bildern von Simone Klages.)*

Simone Klages, *geb. 1956 in Hamburg. Studium an der Fachhochschule für Gestaltung in Hamburg; danach Studienaufenthalt in Amsterdam; lebt als freie Künstlerin in Hamburg. Veröffentlichte das Bilderbuch »Bimbo und sein Vogel« (Text von Martin Auer).*




Programm Beltz & Gelberg, Weinheim

Einband und Gesamtausstattung von Simone Klages, Hamburg
Gesamtherstellung Druckhaus Beltz, 6944 Hemsbach
Printed in Germany
ISBN 3 407 80027 4

# DER UNGESCHICKTESTE JUNGE DER WELT

Es war einmal ein Junge, der war so ungeschickt, daß er sich mit einem Zwetschenknödel in den Finger stechen konnte. Er schaffte es, ein Glas Milch zu verschlucken, nämlich samt dem Glas, und die Mutter mußte ihm drei Stunden lang auf den Rücken klopfen, damit es wieder rauskam. Und wenn es wieder rauskam, dann sicher als letztes. Er war so ungeschickt, daß sein Fahrrad mit ihm rückwärts fuhr, und wenn er sich die Hosen anzog, steckte er immer mit beiden Beinen in einem Hosenbein, er konnte machen, was er wollte. Wenn er nasenbohrte, verklemmte sich sein Finger, und der Arzt mußte geholt werden, und er war der einzige Junge der ganzen Welt, der sich beim Fußballspielen das Ohrläppchen gebrochen hatte. »So paß doch besser auf!« sagte die Mutter.
»Sei doch nicht so ein Schussel!« sagte der Vater.
»Der Pauli ist zu blöd zum Scheißen!« sagte seine Schwester. Und da war etwas dran, denn wenn Pauli auf dem

Klo saß, bemerkte er meistens zu spät, daß das Klopapier ausgegangen war. Und dann mußte er entweder ein paar Seiten aus dem Buch herausreißen, das er mitgenommen hatte (denn er ging immer mit einem Buch aufs Klo), oder er mußte brüllen, bis ihm jemand die neue Klopapierrolle aus dem Vorzimmerschrank brachte und durch die einen Spalt breit geöffnete Tür reichte. Und dann schämte er sich wieder einmal.

Einmal saß er fünf Stunden auf dem Klo, weil er einfach keine Lust hatte, zu rufen und sich dann wieder alle Kommentare anzuhören.

Manchmal brachte seine Schwester ihre Freundinnen mit nach Hause, um ihnen ihren ungeschickten Bruder vorzuführen. Die Damen baten ihn, ihnen vier Gläser Limonade aus der Küche zu bringen, und dann

paßten sie kichernd und flüsternd im Vorzimmer auf, wie lange es dauern würde, bis es klirrte.

Oder sie brachten ihm einen Balsaholzsegler mit und guckten zu, wie er ihn zusammenbaute. Und dabei schlossen sie Wetten ab, was es werden würde, ein Puppenkinderwagen oder ein Nilpferd oder ein Haufen Schrott. Meistens wurde es ein Haufen Schrott.

Eines Tages sagte seine Schwester zu ihm: »Ich habe an das Buch der Rekorde geschrieben, daß du der ungeschickteste Junge der Welt bist. Damit es wenigstens etwas gibt, auf das du stolz sein kannst. Sie schicken eine Kommission her, die alles überprüft, und wenn sie finden, daß alles stimmt, was ich geschrieben habe, kommst du ins Buch. Dann wirst du von uns allen der berühmteste sein, und deine Familie braucht sich nicht mehr zu schämen wegen dir!«

Die Kommission kam, und Pauli aß seine Zwetschenknödel, ohne sich in den Finger zu stechen; er machte sich nur ganz normale Obstflecken ins Hemd, die nie mehr rausgehen. Pauli trank seine Milch, ohne das Glas zu verschlucken; er verschluckte sich bloß ein bißchen und spuckte einem Kommissionsmitglied Milch auf den Rockkragen.

Er fuhr einen Slalom mit dem Fahrrad und haute bloß zwei Flaschen um. Er zog sich einen kompletten Anzug an, und alles was passierte, war, daß er sich bei den Knöpfen an der Jacke irrte und ihm oben ein Knopfloch zuviel übrigblieb. Pauli bohrte sich die Nase kom-

plett sauber, ohne daß überhaupt etwas passierte, und dann baute er noch einen Balsaholzsegler zusammen, der bloß gleich abstürzte, aber das tun die sowieso immer.
»Der Junge ist doch ganz normal dämlich, an dem ist überhaupt nichts Besonderes«, sagten die Kommissionsmitglieder verächtlich zu Paulis Schwester und zogen gelangweilt ab.

Paulis Schwester redete vor Wut eine Woche lang nicht mehr mit ihm, und dann war alles wieder wie sonst.
Es war wirklich ein trübseliges Leben.

# LILI VERLIERLI

Lili Verlierli verlor immer alles. Dabei paßte sie so gut auf! Aber es half nichts. Immer ging irgendwas verloren. Wenn sie ausnahmsweise einmal in den Park durfte mit ihrem neuen roten Ball, dann sagte die Mutter: »Aber bitte, Kind, verlier mir den Ball nicht gleich wieder, ja?«
Und Lili paßte auf den Ball auf wie auf die Kronjuwelen. Sie hielt ihn krampfhaft in den Händen, daß ihre Fingerspitzen weiß wurden, und wenn sie ihn schupfte, dann nur ganz zaghaft, nicht höher als bis zu ihrer Nasenspitze, als ob sie Angst hätte, daß er nicht mehr herunterkommen könnte, wenn sie ihn höher schupfte.
Nach einer halben Stunde hielt sie es nicht mehr aus vor Angst um den Ball und trug ihn wieder nach Hause. Ganz stolz hielt sie ihn der Mutter hin und sagte: »Schau, ich hab ihn nicht verloren!«

»Schön«, sagte die Mutter, »aber wo ist dein linker Schuh?«
Lilis Herz machte einen Sprung vor Schreck. Sie schaute an sich herunter, und wirklich, da stand sie – in einem Schuh und einem Socken.

»Was soll man nur mit dir anfangen?« begann die Mutter zu lamentieren. »Jetzt kommst du mir schon ohne Schuhe nach Hause! Ja glaubst du denn, daß die Schuhe auf Bäumen wachsen, so was kostet doch Geld! Und überhaupt, wie kann man denn nur seinen Schuh verlieren, so was merkt man doch!«
»Ja, aber wo ich doch so auf den Ball aufgepaßt hab!« sagte Lili schon halb weinend.

Und dann mußte sie mit der Mutter in den Park gehen und den Schuh suchen, und der war auch da, in der Sandkiste war er steckengeblieben, und Lili hatte nichts gemerkt vor lauter Angst um ihren Ball.

Und dann durfte Lili wieder eine Woche lang nicht in den Park gehen.
So war das mit der Lili. Sie paßte schrecklich auf ihre Sachen auf, und man konnte gar nicht mehr mit ihr reden, weil sie alle Augenblicke mal zusammenzuckte und aufschrie: »Wo ist mein Duftbleistift?!« oder »Du meine Güte, ich hab meine Handschuhe wo liegenlassen!«
Und dann fing sie in allen ihren Taschen zu suchen an, und wenn sie das Gesuchte in ihren Taschen nicht fand, dann kam die Schultasche dran, und wenn sie es in der Schultasche nicht fand, dann graste sie das Klassenzimmer ab oder den Park oder die Wohnung, wo sie sich eben gerade befand. Ständig suchte sie irgendwas, und manchmal suchte sie vor lauter Nervosität schon Dinge, die sie gar nicht mitgenommen hatte.

Vor lauter Angst fing sie an, Sachen an sich festzubinden. Zuerst hatte ihre Mutter das gemacht, mit den Fäustlingen im Winter. Man kennt das ja: mit der Schnur, die durch die Ärmel geht. Da hatte sie sich geschämt. Aber jetzt band sie alles an sich fest. Ihr Geldbörschen, den lila Kugelschreiber, das Täschchen für die Papiertaschentücher, die Ausweishülle für die Schülerfreifahrkarte, ihren Taschenspiegel, ihren Kamm. Aber trotzdem ging immer was verloren, und die Mutter nörgelte, der Vater brummte, und die Lehrerin schimpfte. Und die Kinder erfanden den Namen »Lili Verlierli« für sie und lachten, weil sie immer Angst hatte und dann doch alles verlor.

Wenn sie wieder einmal den Bleistiftspitzer verloren hatte oder ihr Hausübungsheft oder ihr Turntrikot, dann sagte die Lehrerin: »Du wirst noch einmal deinen Kopf verlieren, Lili, wenn du so weitermachst!«

Und das passierte dann auch. Eines Tages kam Lili in die Schule und hatte keinen Kopf.

»Aber du hast ja keinen Kopf!« schrie die Lehrerin entsetzt.

Die kopflose Lili zuckte mit den Schultern und setzte sich auf ihren Platz.

Lilis Banknachbar Udo begann zu weinen.

»Verschwinde hier und komm nicht wieder ohne Kopf zurück!« kreischte die Lehrerin, und die Kinder saßen wie erstarrt auf ihren Plätzen.

Aber die kopflose Lili hörte nichts, was ja kein Wunder war, und sagte auch nichts, was im Grunde auch verständlich ist. Sie saß da und spielte gelangweilt mit ihren Fäustlingen, die an den Schnüren aus ihren Ärmeln baumelten. Jetzt, wo sie keinen Kopf mehr hatte, hatte sie keine Angst, irgend etwas zu verlieren, ja, sie hatte eigentlich überhaupt keine Angst mehr, weil die Angst ja im Kopf sitzt, auch wenn man sie manchmal im Herzen zu spüren glaubt oder im Bauch oder auch in der Hose.

Wie die Geschichte weiterging? Ich weiß es nicht genau. Angeblich wanderte die kopflose Lili noch lange wie ein ruheloses Gespenst am Morgen in die Schule, zu Mittag wieder nach Hause, legte sich abends ins Bett und stand morgens auf, ohne jemals etwas zu sagen oder zu bemerken. Am Anfang gruselten sich die Leute noch vor ihr, aber mit der Zeit gewöhnte man sich daran. Meine Güte, es laufen ja so viele kopflose Leute herum.

# TASCHENGELD

Es war einmal ein Junge, der bekam soviel Taschengeld, wie er wollte. Außerdem hieß er Hugo. Und weil er soviel Taschengeld hatte, konnte er sich alles kaufen, was er in der Fernsehwerbung sah.

Er hatte einen Tonara 230 mit Extensor, eine Furgler Imperator, Zapp Extra und Grubo, Sipo-Matic, Dentro 2000, Kapsinetten, Spinol Flüssig, Leicht & Lecker, einen Secundo XL, eine Spezi Turbo 4WD, eine Krawuse, eine Handy Maxi 400, eine Sechserpackung Sapuma light, Sprusi im handlichen Doppelkanister, die superweichen Wollis, Spurinetten, Swifties, Schlumm extrazart, Hugendorffs Leichte, Schlank & Satt, Frugetten, einen Eriksons High Color, Priss im Dosierspender, Claire De Nuit, Storm for men, Meristo, Kolisetten, Strobol, Linosept, S.M., Furexan, Pallinis, Strupp-Ex, Moretten, Lindoform, Frugella, Sam-Loo Sanft und Sämig, Fasol extrastark, Minka ohne, Saponetten und einen Verduro RSF 20 Calypso.

Manchmal, wenn er zu jemand freundlich sein wollte, sagte er:

Und wenn er vorbeiging, sagten die Kinder zueinander: »Das ist der Hugo. Ich kenn ihn. Er hat einen Tonara 230 mit Extensor, eine Furgler Imperator, Zapp Extra und Grubo, Sipo-Matic, Dentro 2000, Kapsinetten, Spinol Flüssig, Leicht & Lecker, einen Secundo XL, eine Spezi Turbo 4WD, eine Krawuse, eine Handy Maxi 400, eine Sechserpackung Sapuma light, Sprusi im handlichen Doppelkanister, die superweichen Wollis, Spurinetten, Swifties, Schlumm extrazart, Hugendorffs Leichte, Schlank & Satt, Frugetten, einen Eriksons High Color, Priss im Dosierspender, Claire De Nuit, Storm for men, Meristo, Kolisetten, Strobol, Linosept, S.M., Furexan, Pallinis, Strupp-Ex, Moretten, Lindoform, Frugella, Sam-Loo Sanft und Sämig, Fasol extrastark, Minka ohne, Saponetten und einen Verduro RSF 20 Calypso.«

Ja, das war schon etwas!

# WENN MAN AUF DIE SCHNAUZE FÄLLT

Es waren einmal drei Kinder in einem Park, die fielen auf die Schnauze.

Sofort kam eine Mutter angerannt und schrie ihr Kind an: »Kannst du nicht aufpassen? Wie oft hab ich dir schon gesagt, du sollst schauen, wo du hinsteigst! Erst schauen, dann gehen. Und überhaupt brauchst du nicht so zu rennen! Kannst du nicht normal gehen wie ein normaler Mensch? Da, putz dich ab, schau, wie du ausschaust, nichts als genieren kann man sich mit dir! Und jetzt geh und paß besser auf, ja!«

Und die zweite Mutter kam angerannt, hob ihr Kind auf und putzte es ab und sagte: »Schatzi, was hast du, ist dir was passiert, hast du dir weh getan? Mußt aufpassen, darfst nicht immer so schnell laufen, sonst tust dir noch einmal ganz furchtbar weh, gell! Oje, oje, oje, bist wieder ganz schmutzig! Da schau, tu dich abputzen, daß du wieder mein schönes Bubi bist! So, und jetzt paß schön auf und tu brav spielen, ja, die Mutti strickt derweil ein bissi!«

Das dritte Kind hatte auch eine Mutter im Park. Die schaute nur einmal kurz, und als sie sah, daß noch alle wichtigen Teile dran waren an ihrem Kind, las sie weiter in ihrer Zeitung.

»Die da kümmert sich wohl überhaupt nicht um ihr Kind!« sagten die beiden anderen Mütter zueinander, als sie wieder zu ihrer Bank zurückmarschierten.

Und was hättest du getan?

# DER ZWEITE

Einer wollte immer der Erste sein. Aber er wurde nur Zweiter. Da fing er an zu heulen. Er heulte und heulte und hörte nicht auf zu heulen. Er heulte so laut, daß es eine Qual war für die ganze Stadt. Da mußte man ihn ins tiefste Bergwerk sperren, damit sein Heulen einigermaßen erträglich wurde. Aber man mußte noch zweihundert Eisenbahnzüge mit Kissen und Polstern kommen lassen und sie über dem Bergwerksschacht auftürmen, damit man das Heulen in der Stadt nur mehr ganz leise hören konnte. Ein fernes, geheimnisvolles Wimmern, das daran erinnerte, daß da unten einer heulte, weil er nicht Erster geworden war.

# DER FERNSEHER

Peter hatte einen unsichtbaren Fernsehapparat. Was er damit tat? Er guckte hinein, was denn sonst!

Wenn die Leute ihn sahen, fragten sie ihn: »Was tust du denn da?«

»Ich gucke unsichtbares Fernsehen!«

»Und was spielen sie da für ein Programm?«

»Weiß ich doch nicht, es ist doch unsichtbar!«

Aus irgendeinem Grund hielten die Leute Peter für verrückt. Vielleicht war er es ja auch. Aber er hatte wirklich großen Spaß an seinem Fernsehapparat.

# BENNOS WEIHNACHTSBÄUME

Bennos Unglück war, daß er den Weihnachtsbaum anzündete. Aber immer wieder! Schon als Baby war er so gegen den Weihnachtsbaum getorkelt, daß der Baum umfiel und zu brennen anfing.

Dann durfte er einmal die Kerzen selber anzünden, und natürlich zündete er wieder den Baum an. Das nächste Mal hatte er Silbersterne gebastelt aus einem Papier, das mit einem heimtückischen Zischen explodierte, wenn es nur in die Nähe einer Kerze kam. Schließlich kauften seine Eltern elektrische Kerzen, damit diesmal alles gutging. Aber irgendwie hatte es Benno geschafft, einen Kurzschluß in die Drähte zu machen, und wieder brannte der Baum. Dann kauften seine Eltern einen Plastikbaum. Der schmolz zuerst, und dann explodierte das flüssige Plastik.

Benno hätte das alles nicht so schlimm gefunden. Er machte sich nicht so besonders viel aus Weihnachtsbäumen, und der ganze Umtrieb mit der Feuerwehr gefiel ihm sowieso nicht schlecht. Nur daß er *immer* verkohlte Weihnachtsgeschenke hatte, das wurmte ihn.

# DAS FRÜHSTÜCK

Clemens ist ein glückliches Kind. Seine Mutter hat wirklich Zeit für ihn und kümmert sich um ihn. »Guten Morgen!« sagt sie am Morgen. »Aufstehen, Clemens! Willst du heute die grüne Hose anziehen oder die blaue? Ich habe dir die blaue herausgelegt. Und zieh das gelbe Hemd dazu an, das paßt zu Blau. Vergiß die Hosenträger nicht.

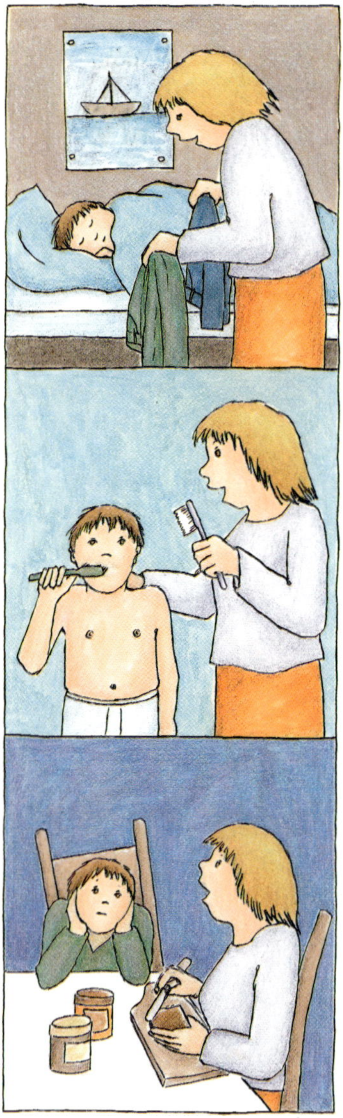

Gestern ist dir die Hose hinten so heruntergehängt, das schaut gar nicht schön aus. Wäschst du dir auch gut die Ohren? Wart, ich helf dir. So, jetzt sind die Ohren schön sauber. Nimm die neue Zahnbürste zum Zähneputzen, die alte ist schon ausgefranst. Ich schmier dir schon dein Butterbrot. Magst du Marmelade drauf? Honig ist besser, ich tu dir Honig drauf. Beeil dich ein bißchen, der Kakao wird sonst kalt. Soll ich dir die Haut herunternehmen vom Kakao? So ist es besser. Ist der Kakao noch warm? Sonst wärm ich ihn dir auf, aber dann gibt es wieder eine Haut. Es ist besser, du trinkst ihn so. Trink nicht so schnell! Sonst kriegst du wieder Bauchweh. Und paß mit dem Honigbrot auf! Schau, es rinnt dir ja der ganze Honig über die Hand.

Warte, ich geb dir eine Serviette. Gib die Hand her. So, jetzt ist es weg. Oder ist es noch klebrig? Geh dir lieber die Hände waschen. Das Honigbrot iß nachher weiter. Laß nicht wieder die Seife im Wasser liegen! Trödel nicht so lang im Bad, komm her und iß fertig. Du kommst sonst zu spät in die Schule! Hast du die Schultasche gepackt? Nichts vergessen? Warte, ich schau nach. Was hast du denn heute für Stunden? Ich hab dir Käsebrot eingepackt mit Tomaten. Willst du einen Apfel dazuhaben oder eine Banane? Ein Apfel ist besser, von Banane kriegst du Verstopfung. Und iß nicht alles gleich in der ersten Pause auf! Sonst kriegst du Hunger und kannst nicht aufpassen. Es ist Zeit für dich! Zieh dich an, in zwei Minuten mußt du aus dem Haus sein. Vergiß

die Kappe nicht! Warum setzt du dich nicht nieder zum Schuhezubinden? Überhaupt geht es viel leichter, wenn man sich die Schuhe zuerst anzieht und dann erst den Mantel. Nimm den Wollschal, im Radio haben sie gesagt, es wird kühl. Jetzt schaut es zwar warm aus, aber man kann nie wissen. Sonst verkühlst du dich noch. Warum willst du denn jetzt mit den Schuhen ins Zimmer? Sag mir, was du vergessen hast, ich hol es dir. Aber wenn es nichts für die Schule ist, dann ist es jetzt zu spät. Geh lieber, für die Schule hast du ja alles mit. Und komm gleich nach Hause nach der Schule. Wenn du zu spät kommst, mach ich mir Sorgen. Ich kann ja nicht wissen, ob du nicht unter ein Auto gekommen bist, von etwas Schlimmerem will ich gar nicht reden. Hast du Taschentücher mit? Warte, ich geb dir noch Taschentücher, da. Und jetzt geh. Ich koch dir auch was Gutes zu Mittag. Willst du Fischstäbchen oder Pizza? Fisch ist gesünder. Also, tschüs dann. Beeil dich. Gib deiner Mutter noch einen Kuß! So, und jetzt lauf. Und paß auf, wenn du über die Straße gehst! Und renn nicht. Wenn du nicht wieder beim Spielzeuggeschäft stehenbleibst, hast du genug Zeit!«

Er ist ein netter Bub, der Clemens. Wirklich. Nur einen Fehler hat er: Er hört einem einfach nie zu.

# DER ZAUBERSPRUCH

Karoline wurde einfach nie mit ihren Schulaufgaben fertig. Das ist vielleicht ein bißchen übertrieben, aber mindestens zwei Stunden brauchte sie schon jeden Tag dafür. Zwei Stunden, die man auch draußen in der Sonne im Park verbringen könnte. Oder vor dem Fernsehapparat. Zwei Stunden am Tag für Schulaufgaben, und das jeden Tag und jeden Tag!

Es ging halt alles so furchtbar langsam bei ihr. Zuerst mußte sie alle Bücher und Hefte zurechtlegen, und dann mußte sie in der Fernsehzeitung das Vorabendprogramm nachsehen. Dann mußte sie alle Bleistifte spitzen, und dann mußte sie noch ihr Horoskop lesen. Danach füllte sie die Füllfeder und suchte den Tintenfresserstift. Dann

mußte sie den Stundenplan von morgen nachsehen. Dann mußte sie ihre Freundin Ursula anrufen und ihr etwas ausrichten, was Ulrike Gerda gebeten hatte Karoline für Ursula mitzuteilen. Dann machte sie sich einen Plan, was sie zuerst und was sie später machen würde. Dann mußte sie die Fernsehzeitung unter den Büchern verstecken, weil die Mutter nach Hause kam. Dann schlug sie das erste Heft auf, und dann kam die Mutter herein und fragte, wie es ging und was in der Schule los war. Dann mußte sie nachsehen, ob ihr Hamster genug Wasser hatte. Und dann mußte sie wieder Ursula anrufen, weil sie vergessen hatte, ob für morgen jetzt der Aufsatz oder das Gedicht auf war.

»Wenn ich gewußt hätte, daß Schule so anstrengend ist, wäre ich immer fünf geblieben!« pflegte sie zu seufzen.

Dann sagte sie laut: »Wenn du jetzt nicht gleich anfängst, dann setzt es was«, stand vom Stuhl auf, gab sich einen Klaps auf ihr Hinterteil und setzte sich entschlossen zur Arbeit. Dann rief die Mutter sie ans Telefon, weil Ursula etwas wegen der Schulaufgaben wissen wollte.

Ach, nur an den langen Sommertagen schaffte Karoline es, vor dem Dunkelwerden mit ihren Aufgaben fertig zu werden. Eines Tages entdeckte Karoline, daß es in ihrer Gasse einen Zauberer gab. Gleich am übernächsten Haus hing die Tafel:

Und nachdem sie sich drei Tage lang nicht getraut hatte, ging sie am vierten Tag hin und lieh sich beim Herrn Kratochwil einen Zauberspruch.
»Damit machen sich die Aufgaben ganz von selber!« hatte Herr Kratochwil versprochen. »Du kannst ihn behalten, solange du ihn brauchst.«
Und er hatte als Leihgebühr nicht mehr verlangt, als eine Tafel Schokolade kostet.
Zu Hause packte Karoline den Zauberspruch sofort aus. Es waren einige mit der Schreibmaschine geschriebene Zettel. Darauf stand:

Lege die Hefte und Schulbücher, die du für die Aufgaben benötigst, aufgeschlagen auf den Tisch. Daneben lege alle Schreibwerkzeuge (Füllfeder, Kugelschreiber, Bleistifte, Buntstifte), die du für die heutigen Aufgaben brauchst.
Nun kann der Zauber beginnen:
Zünde zwölf Kerzen an, und sprich dabei jedesmal die Worte:
"Bei deinem Licht und dem Licht deiner Schwestern"
Verteile die Kerzen gleichmäßig im Zimmer. Verneige dich dreizehnmal gegen Osten und sprich jedesmal den Spruch:

"Schwarzer Hahn und weiße Kröte,
rote Spinne, blaue Flöte,
sieben Schweine und ein Stier.
Alle, alle helfen mir!"

Dann verneige dich dreizehnmal gegen Süden und sprich dabei jedesmal den Spruch. Dann dreizehnmal gegen Westen und dreizehnmal gegen Norden, und immer den Spruch dabei aufsagen!
Nun hüpfe dreimal auf einem Bein von jeder Ecke des Zimmers in jede andere Ecke. Dasselbe mit dem anderen Bein.
Sprich nun die Worte: "Samiel hilf, auf daß es geschehe!"
Lege ein rohes Ei auf einen Löffel, steige damit auf einen Stuhl, vom Stuhl auf den Tisch, vom Tisch wieder auf den Stuhl und vom Stuhl auf den Boden. Wenn dir das Ei dabei herunterfällt, mußt du den ganzen Zauber von vorne beginnen.
Sag die "Bürgschaft" (vom Dichter Schiller) von hinten auf.
Mache in jeder Ecke des Zimmers einen Purzelbaum.
Nun steh mit geschlossenen Augen mitten im Zimmer und warte, bis dir schwindlig wird.
Wenn dir schwindlig geworden ist, lege dich auf den Fußboden, schau die Decke an und zähle bis viertausend.
Wenn du dich verzählst, mußt du wieder von vorne anfangen.
Mach fünfzig Kniebeugen.
Lauf durchs Zimmer und mach einen Löwen nach. Stoß aber keine von den Kerzen um!

Zähle jetzt langsam rückwärts von Hundert bis Null. Rede dir ein, daß bei Null etwas Schreckliches geschehen wird. Fürchte dich.
Lies nun den folgenden Spruch:

(Der Spruch, der hierher gehört, muß leider ausgelassen werden, weil er viel zu lang ist.)

Schrei ganz laut: "Ich bin ein irrer Schmusebär!" Hol tief Luft, renn durchs Zimmer und blas alle Kerzen in einem Zug aus.
Und du wirst sehen, wie sich blitzschnell die Füllfedern, Kugelschreiber, Bleistifte und Buntstifte über die Seiten der Hefte und Arbeitsbücher bewegen, und binnen weniger Sekunden sind alle deine Aufgaben geschrieben.

Und so war es auch. Genau so! Blitzschnell bewegten sich die Füllfedern, Kugelschreiber, Bleistifte und Buntstifte über die Seiten der Hefte und Arbeitsbücher, und binnen weniger Sekunden waren alle Aufgaben geschrieben.
Nur, inzwischen war es draußen recht dunkel geworden, und die Mutter hatte schon dreimal zum Abendessen gerufen.
»Wovon bist du denn so erschöpft?« fragte die Mutter Karoline beim Essen.
»Ach, nur so ...«

»Da haben Sie Ihren Zauber wieder!« sagte Karoline am nächsten Tag zum Herrn Kratochwil. »Den kann ich nicht brauchen!«

»Ich hab es mir gleich gedacht!« sagte der Zauberer traurig.

# EIN ECHT STARKER VORMITTAG

Zum Schulfest kam ein Zauberer in die Schule. Er zeigte einige Kunststücke und machte einige Witze, und dann fragte er die Kinder, was sie sich denn von ihm wünschen würden, wenn er wirklich zaubern könnte. Ulrike hätte gern ein Pferd gehabt, Sabine ein Meerschweinchen. Ulf wollte gern fliegen können. Kerstin wünschte sich einen Hasen, und Ralf wollte so stark sein, daß er einen Baum ausreißen könnte. Peter wünschte sich ein sprechendes Auto und Karina ein Einrad wie im Zirkus. Beate wünschte sich einen Sack voll Geld, und Erik sagte: »Ich würde mir wünschen, daß du die Schule wegzauberst und alle Lehrer in Heinzelmännchen verwandelst.«

Da sagte der Zauberer: »Ich werde euch etwas verraten. Ich *kann* wirklich zaubern. Und weil ich heute gut aufgelegt bin, erfülle ich eure Wünsche. Zumindest für den Rest dieses Vormittags. Ich kann ja die Lehrer nicht auf ewig in Heinzelmännchen verwandeln.«

Es wurde ein echt starker Vormittag. Schon war die Schule verschwunden, und statt dessen waren sie alle in einem hübschen Park. Die Lehrer wollten noch rasch protestieren, aber da waren sie schon alle Heinzelmännchen und Heinzelweibchen geworden und wuselten aufgeschreckt durcheinander. Ulrike ritt auf dem Pferd, Sabine schmuste das Meerschweinchen ab, Ulf flog über den ganzen Park und kitzelte alle von oben mit langen Grashalmen. Kerstin spielte mit dem Hasen, Ralf ging von einem Baum zum anderen und riß sie alle aus. Peter führte ein langes Gespräch mit dem Auto, Karina radelte im weißen Ballettröckchen auf dem zwei Meter hohen Einrad und versuchte Ulf zu fangen, Erik baute ein Puppenhaus für die Heinzelmännchen, und Beate hatte den ganzen Vormittag lang einen Sack voll Geld.

# EIN RICHTIGER BUB

Anton wünschte sich ein Meerschweinchen.

Sein Vater brachte ihm einen Fußball mit. »Ich hab dir einen echten Lederfußball gekauft. Geh Fußball spielen, bei so einem herrlichen Wetter muß ein richtiger Bub doch draußen sein und Fußball spielen!«

Aber Anton fürchtete sich vor dem Fußball. Am Abend kam er heulend und mit Nasenbluten nach Hause.
»Was ist denn los?« fragte der Vater.
»Ich hab den Ball auf die Nase gekriegt, und dann haben die Großen gespielt, wer den Ball über das Drahtgitter kicken kann, und dann ist der Ball in einem Baum hängengeblieben, und alle sind weggegangen.«
»Aus dir wird nie ein richtiger Bub!« sagte der Vater.

»Ich möchte ein Meerschweinchen«, sagte Anton.

Der Vater brachte Anton ein Skateboard mit. »Geh Skateboard fahren!« sagte der Vater. »Heutzutage fahren alle Buben Skateboard. Es gibt richtige Artisten unter ihnen, die machen Sprünge und Figuren damit. Wir, zu meiner Zeit, wir haben so was noch gar nicht gekannt.«

Aber Anton hatte Angst vor dem Skateboard.
Am Abend kam er hinkend nach Hause und schleppte das Skateboard hinter sich her.
»Was ist denn los?« fragte der Vater.
»Ich bin in eine Frau mit Einkaufstasche hineingefahren, und wir sind beide hingefallen, und die Eier waren kaputt. Und dann bin ich bei der Fußgängerunterführung die Treppe hinuntergefallen, weil ich doch nicht bremsen kann.«
»Und das Skateboard?«
»Da sind die Rollen verbogen und klemmen.«
»Aus dir wird nie ein richtiger Bub!« sagte der Vater.

»Ich möchte ein Meerschweinchen«, sagte Anton.

Der Vater brachte Anton einen Bumerang mit. »Geh Bumerang werfen«, sagte der Vater, »damit du einen anständigen Bizeps kriegst. Als wir Buben waren, haben wir immer von einem Bumerang geträumt. Bei so einem Wetter spielt ein richtiger Bub doch Indianer oder Eingeborener.«

Aber Anton fürchtete sich vor dem Bumerang. Am Abend kam er nach Hause und legte den Bumerang still in eine Ecke.

»Hat es Spaß gemacht?« sagte der Vater.

»Ja«, sagte Anton.

»Ist nichts passiert?« sagte der Vater.

»Nein«, sagte Anton.

»Du hast gar nicht geworfen, was?«

»Nein«, sagte Anton.

»Aus dir wird nie ein richtiger Bub werden«, seufzte der Vater. »Ein richtiger Bub haut wenigstens eine Fensterscheibe ein.«

»Ich möchte ein Meerschweinchen«, sagte Anton.

Der Vater brachte Anton ein Meerschweinchen mit. »Ich hab dir ein Meerschweinchen mitgebracht«, sagte der Vater. »Aus dir wird ja doch nie ein richtiger Bub. Und wer kein richtiger Bub ist, wird auch kein richtiger Mann. Später werd ich dir ein Fahrrad schenken und Hanteln und einen Expander. Vielleicht wird doch noch ein Bub aus dir.«
Und Anton nahm sein Meerschweinchen auf den Schoß, gab ihm Salat und drückte seine Nase in das weiche Fell. Dann flüsterte er ihm ins Ohr: »Du wirst radfahren müssen und mit den Hanteln und mit dem Expander trainieren, sonst wirst du nie ein richtiges Meerschweinchen!«
Da biß ihn das Meerschweinchen in die Nase und lief davon.

»Ist ja gar nicht wahr!« rief der Anton. »Ich hab ja nur Spaß gemacht! Ich geb dir Salat, und du darfst in meinem Hemd auf meinem Bauch liegen!«

Aber er mußte das Meerschweinchen noch stundenlang streicheln und mit der Nase im Ohr kitzeln und unter dem Hemd auf seinem Bauch liegen lassen, bis er es überzeugt hatte, daß er wirklich nicht ein richtiges Meerschweinchen aus ihm machen wollte.

# DIE LESERIN

Es war einmal eine junge Frau, die nichts lieber tat als lesen. Jeden Morgen, wenn sie zur Arbeit fuhr, kaufte sie sich am Bahnhof eines dieser bunten Romanheftchen. In der U-Bahn hatte sie fünfzehn Minuten Zeit zum Lesen, dann bis zu fünf Minuten, während sie auf den Bus wartete, und dann noch einmal sechs Minuten im Bus. So

konnte sie genug von dem Roman lesen, um den Rest des Vormittags darüber nachzudenken und die Handlung weiterzuträumen. Sie hatte schon versucht, die Romane mit an die Supermarktkasse zu nehmen (sie arbeitete als Kassiererin in Johnsons Traumpreis-Center) und ein bißchen zu lesen, wenn keine Kunden kamen, aber das hatte ihr der Filialleiter verboten. Wenn keine Kunden an der Kasse waren, mußten die Kassiererinnen mithelfen, Waren in die Regale zu ordnen und mit Preiszetteln zu bekleben.

In ihrer Mittagspause kam sie dann ungefähr bis zur Mitte des Romans, und beim Nachhausefahren las sie noch ein Stückchen. Dann machte sie sich das Abendessen, deckte den Tisch mit Messer, Gabel, Teller und Roman und las während des Essens. Nach dem Abwasch kuschelte sie sich ins Bett und las den Roman zu Ende.

Ihre Lieblingsserie waren die »Südsee-Romane«. Leider erschienen die nur einmal in der Woche, und so mußte sie natürlich auch »Romane mit Herz«, »Romane des Schicksals« und »Love-Stories: Leidenschaft, die man fühlen

kann« nehmen. Aber auf den Donnerstag freute sie sich mehr als auf den Sonntag; denn am Donnerstag erschien der neue »Südsee-Roman«. Natürlich las sie ihn gleich, aber am Sonntag las sie ihn noch einmal.

Und so las und träumte sie von der Südsee: Von Segeljachten und sonnengebräunten, sehnigen Surfern, von geheimnisvollen Chinesen, die dunkle Geschäfte mit hawaiischen Perlenfischerinnen machten, von Falschspielern in den Spielcasinos von Honolulu, von der wunderschönen Tochter eines amerikanischen Matrosen und einer hawaiischen Prinzessin, die in Nachtklubs auftrat, und sie vergaß ihre langweilige Arbeit im Supermarkt. Und ihre Mutter, die ständig an ihr herumnörgelte, weil sie noch immer nicht verheiratet war. Und ihre Arbeitskolleginnen, die sich immer ein bißchen über sie lustig machten, und überhaupt alles andere.
Jede Woche aber spielte sie zweimal im Lotto. Mit der heimlichen Hoffnung, einmal so viel Geld zu gewinnen, daß sie damit in die Südsee fahren konnte.

Und tatsächlich, das Unglaubliche geschah. Eines Tages gewann sie. Sie nahm Urlaub, buchte einen Flug und packte ihre Koffer voll mit bunten Heftchen. Und dann lag sie drei Wochen lang am Strand von Honolulu vor ihrem Hotelhochhaus und las Südsee-Romane.

# DER DICHTER

Einer wollte ein Märchendichter werden. Ich werde ein dickes Märchenbuch schreiben, und dann werde ich reich und berühmt, dachte er. Doch alles, was er jemals dichtete, war:

*Es war einmal ein kleines Gulasch, das wäre so gerne ein Schweinsbraten geworden.*

Jahrelang saß er jeden Abend mit seinem Bleistift vor dem Blatt Papier, auf das er diesen Satz geschrieben hatte, und wartete darauf, daß ihm die Fortsetzung einfiele. Dann tauschte er den Bleistift gegen einen Kugelschreiber aus. Nach einigen Jahren probierte er es mit einem türkisfarbenen Filzstift. Dann kaufte er sich eine teure

Füllfeder mit Goldspitze. Später kaufte er sich eine Schreibmaschine. Und schließlich einen Computer. Aber es fiel ihm nichts ein. Der Dichter wurde alt und verbittert und krank. Und schließlich mußte er sterben. Als er so ganz allein auf seinem Sterbebett lag und über sein trauriges Leben nachdachte, das ihm nur Enttäuschungen eingebracht hatte, da fiel ihm plötzlich ein:

Und traurig schlief er ein
und erwachte nie mehr.

# DAS FÜNFTE RAD

»Ich bin das fünfte Rad am Wagen«,
sagte Polly.
Und das war sie auch.

»Irgendwann einmal ist mir klargeworden, daß ein Wagen vier Räder hat und kein fünftes braucht, höchstens als Reserverad. Aber das vergammelt hinten im Kofferraum, und wenn man es einmal braucht, stellt sich heraus, daß aus ihm schon längst die Luft raus ist. Und als ich kapiert hatte, was diese Redensart vom fünften Rad bedeutet, da merkte ich auch, daß ich es war. Ich war immer das fünfte Rad. Und ich bin immer das fünfte Rad. Und ich werde immer das fünfte Rad bleiben. Wenn elfe für eine Fußballmannschaft beisammen sind, bin ich garantiert die zwölfte, und wenn viere miteinander Mensch-ärgere-dich-nicht spielen, bin ich die fünfte. Wenn bei einer Party in der dunklen Küche zwei miteinander schmusen wollen, sitz ich sicher daneben und plaudere, und dann wundere ich mich, daß mir keiner antwortet. Wenn die andern eislaufen gehen, habe ich Ballettstunde, und ich kenne niemanden außer mir, der Fagott lernt.

Ich gehöre einfach nirgends dazu und keiner braucht mich.

Wahrscheinlich bin ich auch nicht wirklich das Kind meiner Eltern, sondern ein angenommenes Kind, das sie aus purem Mitleid adoptiert haben.

Mein Bruder schickt mich aus dem Zimmer, wenn seine Freunde da sind, und er schickt mich erst recht hinaus, wenn seine Freundin kommt. Papa ist sowieso immer auf Geschäftsreise, und Mama sitzt an ihrem Schreibtisch und korrigiert die Hefte von ihren Schülern. Mit den fremden Kindern beschäftigt sie sich und denkt nach, wie sie ihre Sorgenkinder ›fördern‹ könnte, und ich kann daneben verkommen.«

»Ja«, sagte Alice, »mir geht es genauso. Meine Mutter kauft mir die falschen Kleider, und ich mag die falschen Platten, und keiner will mir glauben, daß ich in Karate gehe. Und keine will mir verraten, ob sie ihren Freund küßt, und niemand lädt mich zu seinem Geburtstagsfest ein. Ich bin auch so ein fünftes Rad.

Und der Benno, dem geht es genauso, den mag auch keiner, hat er mir gesagt. Und dabei wünscht er sich immer, daß ihn sein Vater zum Angeln mitnimmt, aber der sagt nur, er verscheucht ihm die Fische.

Ich glaube, wir sollten einen Klub gründen. Einen Klub des fünften Rades. Und als Klubabzeichen machen wir uns ein Auto mit fünf Rädern. Und da dürfen nur welche rein, die sonst niemand mag. Und alle, die in irgendwel-

chen Cliquen sind, die wollen wir nicht. Die sind bei uns dann das fünfte Rad!«
»Bist du blöd?« sagte Polly. »So einem Klub würde ich nie beitreten. Daß alle wissen, daß ich ein Versager bin, den keiner mag! Lieber sterb ich einsam und verlassen in einem Haus im Wald, als daß ich so einem Klub beitrete!«

# DER FLUCH

Es waren einmal zwei, die hießen Michaela und Daniel. Oder Daniela und Michael. Und die liebten einander. So weit, so gut. Aber

einmal, da fiel ein Fluch auf sie. Michael war böse auf Daniela. Wer weiß, warum. Irgend warum halt.

Und Michael maulte, maulte und murrte und tat sich leid.

Und da tröstete seine Daniela ihn. Tröstete ihn und schmeichelte ihm und war lieb zu ihm. Denn sie wollte, daß er wieder gut sein sollte.

Sie schmeichelte ihm und streichelte ihn, und Michael saß und maulte. Denn es tat ihm gut, so umschmeichelt zu werden. Noch selten hatte er so gespürt, wie gut ihm seine Daniela war, wie sehr sie ihn mochte und um ihn besorgt war. Und um's noch mehr zu spüren, maulte er noch ein bißchen mehr, murrte er ein bißchen mehr, knurrte er ein bißchen mehr. Wie schön war es, so geliebt zu werden.

Und Daniela mühte sich um ihn ab und schmeichelte und streichelte, und er murrte nur und knurrte nur. Und da wurde sie sauer auf ihn, und gerade, als er sich entschlossen hatte, ihr zu verzeihen und sie in die Arme zu nehmen, ach, in der letzten Sekunde, als er schon drauf und dran war, ein zaghaftes Lächeln zu wagen, ach, im allerletzten Augenblick, den er noch genießen wollte, bevor er ihr dankte für ihre Geduld – da wandte sie sich von ihm ab und sagte: »Dir ist ja doch nicht zu helfen!«
Und sie verschränkte böse die Arme, und ihr Gesicht erstarrte.
Da wurde der Michael schnellstens freundlich und sagte: »Ich bin dir ja gar nicht mehr böse!« und legte die Arme um sie. Aber sie stieß ihn weg und verkroch sich und wollte nichts hören.

Da schmeichelte er und streichelte er und mühte sich ab um sie, und sie dachte: So schnell geht das? Also hast du dich bloß nur verstellt? Dann verdienst du es, daß ich dich strafe! Und sie zeigte ihr bösestes Gesicht.

Da erfuhr sie erst, welche Macht sie hatte und wie sehr ihr Michael sich um sie sorgte. Was tat er nicht alles, um sie wieder fröhlich zu machen! Er entschuldigte sich und beschuldigte sich und nahm die ganze Schuld auf sich, und er machte Faxen, um sie zum Lachen zu bringen. Doch langsam kriegte er den Verdacht, daß sie dasselbe machte, was er auch gemacht hatte, und er dachte: Ich kenne das Spiel doch, mach das doch jetzt nicht mit mir!

Und er war sich ganz klar, daß sie nur so tat und gar keinen Grund hatte, böse zu sein.

Und als ihm klargeworden war, daß sie ihn absichtlich bestrafte mit ihrem Bösesein, da hörte er auf zu schmeicheln und zu streicheln. Da hörte er auf, sich zu entschuldigen und zu beschuldigen, da hörte er auf, sie zu kraulen, und begann wieder zu maulen.

Ja, und das war natürlich genau in dem Augenblick, wo sie meinte, es sei nun genug. Und genau in dem Augenblick, als es ihr schon leid tat. Genau in dem Augenblick, als sie beschlossen hatte zu verzeihen. Genau in diesem Augenblick war Michael wieder böse.
Und Daniela hatte Angst, daß sie zu weit gegangen war, und versuchte, ihn wieder gut zu machen.
Und Michael dachte sich: Jetzt siehst du selber, wie es ist!

Ja, und seither waren sie nie mehr zur gleichen Zeit gut miteinander. Immer war eines gut, während das andere bös war. Weil eben der Fluch auf ihnen lastete.

# DAS

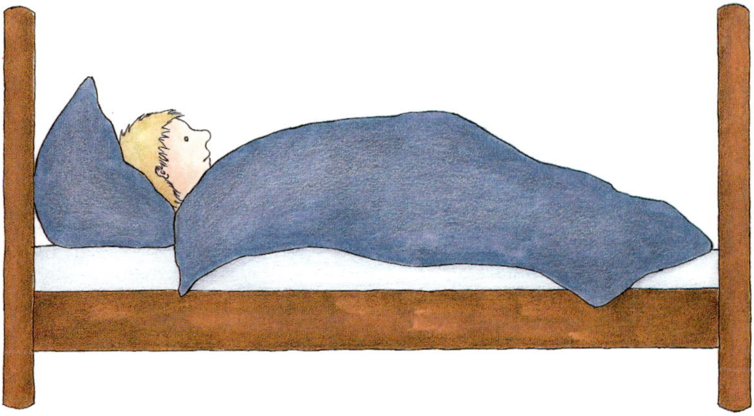

Es war einmal ein Junge, der machte abends unter der Decke Dinge, über die man nicht redet. Und weil es Dinge waren, über die man nicht redet, hörte er nie, ob andere auch das taten, was er tat. Und schön langsam kam er sich komisch vor: Hörte er nie etwas davon, weil es eben Dinge waren, über die man nicht redet, oder hörte er nie etwas davon, weil niemand sonst so etwas tat, was er tat? War das normal, was er da tat? Oder taten andere Jungen es auch? Und Mädchen? Konnten Mädchen es auch tun? Und warum erzählte nie jemand davon? Taten es nur ganz schlimme, böse Leute? Oder war er am Ende der einzige auf der ganzen Welt, der es tat? Tat es sein Vater? Oder seine Mutter? Sonst redeten die Leute doch über alles.

Man sagt doch:

Oder man erzählt:

Aber niemand kommt zum Frühstückstisch und sagt:

– Na ja, also *das* gemacht.

Der arme Junge wurde immer trauriger und vergrämter und begann sich zu fürchten: Stimmte etwas nicht mit ihm? War er krank? War er abnormal?

Um sich seine Angst und seine Sorgen nicht anmerken zu lassen, benahm er sich besonders cool und lässig. Und damit ihn niemand verdächtigte, begann er Witze zu machen über Leute, die *das* tun. Und wenn er selber jemand im Verdacht hatte, *das* zu tun, dann verachtete und verspottete er ihn.

Ach, wenn Erwin nur gewußt hätte, daß fast alle es tun. Buben tun es, Mädchen tun es, Erwachsene tun es, Verheiratete tun es, Geschiedene tun es, Großväter und Großmütter tun es, alle, fast alle tun es.

Was, du weißt nicht, wovon ich rede? Ich soll endlich sagen, was das ist, was alle tun? Na, sich die Dreckfusseln zwischen den Zehen herauskratzen und daraus Kügelchen drehen! Oder was hast du gemeint? *Das?* Ach so, ja, auch das natürlich, das tun auch fast alle!

!

# MESSEN UND WÄGEN

Silvia mußte immer alles aneinander messen. »Du bist die größte, ich bin die zweitgrößte, du bist die drittgrößte«, sagte sie zum Beispiel. Oder: »Mein Papa verdient mehr Geld als deiner, aber Ulrikes Papa verdient noch mehr als meiner. Julischkas Papa verdient am wenigsten, aber Sibylles Papa ist der reichste.«

Oder sie sagte: »Sänger sind toller als Schauspieler, und von Schauspielern sind Filmschauspieler toller als Theaterschauspieler. Dichter sind auch toll, aber nicht so toll wie Sänger. Ärzte sind auch noch toll, aber nur Chirurgen. Lastwagenfahrer und Postbeamte sind nicht toll.«
Ihre Lieblingssendung im Radio war die Hitparade. Sie wußte jede Woche genau die Reihenfolge der Lieder.

In der Klasse verglich sie die Kleider miteinander und sagte: »Meine Bluse ist sicher teurer gewesen als deine. Wieviel haben deine Schuhe gekostet? Sibylle hat immer so billige Sachen an, obwohl sie den reichsten Papa hat, aber Julischka hat noch billigere Sachen an. Aber das ist bei ihr ja kein Wunder, weil ihr Papa ja von allen der ärmste ist.«

In der Schule schrieb sie sich immer von allen die Prüfungsnoten auf und konnte immer einer jeden ihren Notendurchschnitt sagen. Wenn es Zeugnisse gab, rechnete sie nicht nur aus, welche die Beste war, sondern die ganze Reihenfolge bis zur dreiundzwanzigsten. Später dachte sie darüber nach, ob alle Fächer gleich wichtig sind und ob man die Turnnote genauso wichtig nehmen darf wie die Mathenote, wenn man wissen will, welche die Beste in der Klasse ist.

Nach der Schule sagte sie: »Schauen wir, wer schneller bis zur Ecke rennen kann!«

Wenn eine Freundin zu ihr auf Besuch kam, erzählte sie ihr: »Ich habe achtzehn Langspielplatten und dreiundzwanzig Singles. Wie viele Platten hast du?«
Und dann sagte sie vielleicht: »Du hast mehr Platten als ich, aber ich habe mehr Bücher als du.«

Einmal machte sie mit ihrer Klasse einen Ausflug, und alle Mädchen pflückten Blumen. »Schauen wir, wer mehr Blumen pflücken kann!« sagte Silvia.
»Jetzt hör doch einmal auf!« sagte eine ihrer Freundinnen. »Bei Blumen kommt es doch wirklich nicht darauf an, wie viele man hat. Da kommt es doch nur darauf an, daß sie schön sind.«
Das gab Silvia zu denken. Sie stellte einen geschmackvol-

len Strauß zusammen, nur aus ganz wenigen, besonders ausgesuchten Blüten.
»Gut«, sagte sie, als die anderen mit ihren Sträußen daherkamen, »legen wir die Sträuße nebeneinander. Und dann wählen wir Preisrichterinnen, und die sollen Punkte vergeben für die schönsten Blumensträuße. Ich kriege sicher die meisten Punkte, oder vielleicht Julischka, aber dem Strauß von Astrid würde ich keine Punkte geben.«

Na ja, so war sie, die Silvia.

# TAPFERE KLEINE CORNELIA

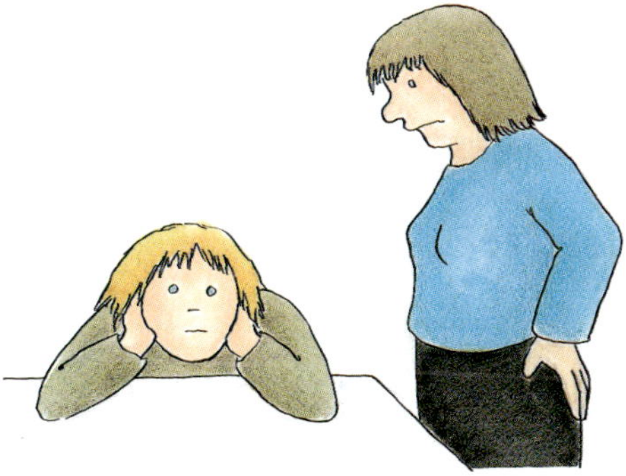

Am Nachmittag wurde Cornelia krank. Nach dem Essen blieb sie einfach sitzen und stierte vor sich hin. Alles tat ihr weh, Arme und Beine waren so schwer, und hinter den Augen war so ein unangenehmer Druck. Sie hatte keine Lust mehr, sich zu bewegen, wie gelähmt war sie. »Ich hab Kopfweh!« sagte sie zu ihrer Mutter.

»Ja, ja, du willst nur wieder keine Aufgaben machen!«

»Nein, wirklich! Alles tut mir weh, die Schultern, die Knie, die Fingerspitzen. Ah, es ist so grauslich, ich kann nicht einmal mehr etwas angreifen!«

Und dann begann sie zu weinen.

Jetzt wurde die Mutter doch etwas besorgter und schaute Cornelia genauer an. »Na ja, besonders gut schaust du wirklich nicht aus. Woll'n wir einmal Fieber messen.«

Und dann mußte Cornelia ins Bett, und dann bekam sie eine Wärmflasche, und dann wurde der Arzt angerufen, und dann sagte er, er würde in zwei bis drei Stunden vorbeikommen, wenn seine Ordination vorbei wäre.
»Brauchst du noch etwas?« sagte die Mutter.
»Nein, nein«, sagte Cornelia schwach, »ich brauche überhaupt nichts mehr!«

Die Mutter ließ die Rollos herunter, zog die Vorhänge zu und ließ Cornelia im halbdunklen Zimmer allein.
»Schlaf ein bißchen!« hatte die Mutter noch gesagt, aber Cornelia konnte nicht schlafen.
Sie lag da, und ihr Kopf dröhnte. Sie überlegte, welche Krankheit sie wohl haben könnte.
Vielleicht habe ich Krebs, dachte sie, oder Leukämie oder so was oder Lungentuberkulose. Wenn es Tuberkulose ist, dann muß ich in ein Sanatorium in den Bergen. Dort kriege ich dann viel Milch zu trinken und liege in Decken eingewickelt im Liegestuhl in der Sonne. *Wenn* die Sonne

scheint. Und neben mir noch viele andere, die alle Tuberkulose haben, und dauernd hört man jemand husten. Manche werden wieder gesund, aber jeden Tag hört man: Der ist gestorben und die ist gestorben, und der macht's auch nicht mehr lang.

Wenn ich Krebs habe, dann muß ich operiert werden. Nein, das wäre schlimm, wenn sie mir eine Hand oder einen Fuß abschneiden würden. Dann wäre ich ja behindert. Aber ich könnte dann zum Beispiel mit einem Bein skilaufen lernen, und alle würden sagen, wie tapfer sie ist. Obwohl ihr ein Bein fehlt, hat sie ihr Schicksal gemeistert. Dann würden sie mich bewundern, und ich würde vielleicht sogar bei den Behinderten-Skimeisterschaften mitfahren und eine Medaille gewinnen. Dann würde ich in der Zeitung stehen.

Wenn man Leukämie hat, gibt es keine Rettung. Da ist irgendwie das Blut krank. Das Blut löst sich langsam auf, und man muß sterben. Nicht gleich, aber in ein, zwei Jahren. Ob sie mir das sagen würden, wenn ich sterben muß? Wahrscheinlich nicht. Sie würden mir vielleicht eine gnädige Lüge sagen, damit ich nicht traurig bin. Nein, wenn ich sterben muß, dann will ich es wissen. Wenn mir der Doktor sagt, ich habe nur noch ein bis zwei Jahre zu leben, dann werde ich ganz tapfer sein. Papa und Mama werden weinen, und ich werde sie trösten und werde sagen: »Ihr müßt nicht traurig sein. Es ist doch schön, daß ich überhaupt gelebt habe. Außerdem können wir noch ein oder zwei schöne Jahre miteinander verbringen. Und wenn ich dann gestorben bin, dann habt ihr mich immer in Erinnerung als kleines Mädchen.«

Und dann werden sie mit mir überall hinfahren, nach Paris und nach Venedig und nach Disneyland, damit ich noch alles sehen kann, wo es schön ist. Und ich muß nicht mehr in die Schule gehen. Und von der Schule werden alle kommen und sich von mir verabschieden, und sie werden weinen.

Und ich muß nicht immer auf den Frederick Rücksicht nehmen, weil ich die Ältere bin, sondern er muß auf mich Rücksicht nehmen, weil ich nicht mehr lange zu leben habe.

Und der Papa kommt eines Tages nach Hause und sagt, daß er in der Firma gekündigt hat, weil es ihm nicht mehr so wichtig ist, daß er Abteilungsleiter wird, sondern er will die kurze Zeit, die uns noch bleibt, mit mir verbringen. Und wenn wir die großen Städte gesehen haben und Disneyland, dann werden wir ein winzig kleines Bauernhaus in Italien kaufen, wo es immer warm ist, mit einem Blumengarten rundherum, und dort werden wir alle zusammensein im letzten Jahr meines Lebens. Und wir werden einen Esel haben und einen kleinen Hund und Ziegen und werden Ausflüge machen und Picknicks, und wir werden alle Geduld haben und freundlich sein miteinander, weil unsere Zeit ja so kurz ist.

Und dann werde ich einen Jungen kennenlernen, der Mario heißt oder Giulio, und wir werden uns ineinander verlieben. Wir werden lange Hand in Hand durch die

Pinienwälder gehen und uns alles erzählen, und eines Tages werde ich ihm auch erzählen, daß ich Leukämie habe und sterben muß. Und ich werde ihm sagen, daß er tapfer sein muß.
Und dann werde ich langsam immer schwächer werden, und ich werde im Garten liegen, und Frederick wird mit den jungen Ziegen spielen, Papa wird im Obstgarten arbeiten, und Mama wird malen, und ich werde von allem Abschied nehmen.

Und ich werde gar nicht traurig sein, denn durch mich hat meine Familie das wirkliche Glück kennengelernt, und sie werden sich nie mehr streiten oder böse sein zueinander. Und Mario wird mich besuchen kommen, und wir werden uns den ersten Kuß unseres Lebens geben, und dann wird er meine Hand halten, und ich werde lächelnd einschlafen.

Aber dann kam der Doktor, und Cornelia mußte »ahh« sagen und sich beklopfen lassen und Fieber messen, und dann war es nur eine Grippe. Cornelia hätte heulen können vor Enttäuschung.

# DER ERFINDER

Gebhard wollte unbedingt Erfinder werden. Tag und Nacht saß er in seinem Zimmer und erfand. Das heißt, wenn er nicht gerade in die Schule mußte oder zum orthopädischen Turnen. Aber eines Tages kam er heraus aus seinem Zimmer und brachte drei Erfindungen mit. Seine Eltern riefen die Zeitungen an, daß ihr Sohn ein Erfinder sei, und weil die Zeitungen gern etwas über Wunderkinder schreiben, schickten fast alle jemanden hin. Die Journalisten saßen im Wohnzimmer, und Gebhards Mutter ging mit belegten Brötchen herum. Dann kam Gebhard

aus dem Kinderzimmer und brachte seine Erfindungen mit:
»Meine sehr geehrten Damen und Herren, ich werde Ihnen nun meine Erfindungen vorführen, die ich selber erfunden habe, und niemand hat mir dabei geholfen. Als erstes mein Fernticker: Hier habe ich einen Draht, sehen Sie, und hier eine Batterie und einen Schalter auf der einen Seite, und auf der anderen Seite einen Motor, der einen Papierstreifen abwickelt, und eine Magnetspule und einen Bleistift. Wenn ich jetzt hier auf dieser Seite den Schalter drücke, zieht dort auf der anderen Seite die Magnetspule den Bleistift herunter, und der Bleistift zeichnet einen Strich auf den Papierstreifen. Wenn ich kurz drücke, zeichnet er nur einen Punkt. Ich habe eine eigene Schrift erfunden, die nur aus Strichen und Punkten

besteht. Mit diesem einfachen Apparat kann man sich über jede Entfernung hin verständigen, und man kann sich die teuren und komplizierten Telefone sparen.
Dann habe ich noch erfunden eine eiserne Stange, die man aufs Hausdach stellen kann, mit einem Draht, der in die Erde geht. Wenn der Blitz einschlägt, trifft er nicht das Haus, sondern er geht in die Erde.
Und dann habe ich noch, meine Damen und Herren, einen Computer erfunden, ganz aus Holz und ohne elektrischen Strom. Er besteht aus Zahnrädern und einer Kurbel, und er kann addieren und multiplizieren, und wenn man in die andere Richtung dreht, auch subtrahieren und dividieren.«
Die Journalisten fingen an zu lachen und sagten: »Aber das gibt es doch alles schon! Dieser Fernticker, das ist ein-

fach ein Telegraf, und den hat es schon lange vor dem Telefon gegeben. Und das Punkt-Strich-Alphabet, das hat der Herr Morse erfunden. Du meine Güte, als wir kleine Buben waren, haben wir im Park mit Taschenspiegeln Morsen gespielt.
Und wenn du spazierengehst, kannst du auf jedem Hausdach einen Blitzableiter sehen. Und dein hölzerner Com-

puter, das ist eine Rechenmaschine. In jedem kleinen Trödlerladen, wo sie noch keinen Computer haben, haben sie eine Registrierkasse, die genauso funktioniert.«
Und die Journalisten packten ihre Kugelschreiber wieder ein und drängten, teils lachend, teils verärgert, zur Tür hinaus. Gebhards Mutter begann zu weinen.
Gebhards Vater schrie den Journalisten ganz erbost nach: »Unser Junge befaßt sich eben nur mit Physik und Mathematik! Er hat keine Zeit, sich in Trödlerläden herumzutreiben oder mit irgendwelchen Taschenspiegeln herumzuspielen. Er ist ein Erfinder und kann seine Zeit nicht verplempern!«

Gebhard aber ging wieder in sein Zimmer und erfand den Straßenbahnfahrschein, den Druckkochtopf und das Dampfbügeleisen.

# DAS KIND, DAS NICHT AN GESPENSTER GLAUBTE

Es war einmal ein Kind, das glaubte nicht an Gespenster. Wenn es wo ein Gespenst sah, dachte es sich: Ach, Gespenster gibt es nicht, das bilde ich mir bloß ein!
Wenn das Kind bei Nacht durch einen finsteren Wald ging und all die wehenden Schleier sah und die glühenden Augen, die aufgerissenen feurigen Mäuler und die grausigen Krallenpranken, dann ging es von einem zum andern und sagte: »Dich gibt es nicht, du bist nur ein dorniger Ast. Dich gibt es auch nicht, du bist nur ein fauler Baumstumpf. Dich gibt es auch nicht, du bist nur ein Tannenzweig, der sich im Wind bewegt. Dich gibt es auch nicht, du bist nur ein paar Glühwürmchen!«
Und dann löste das Kind im Kopf eine Rechenaufgabe und sagte:

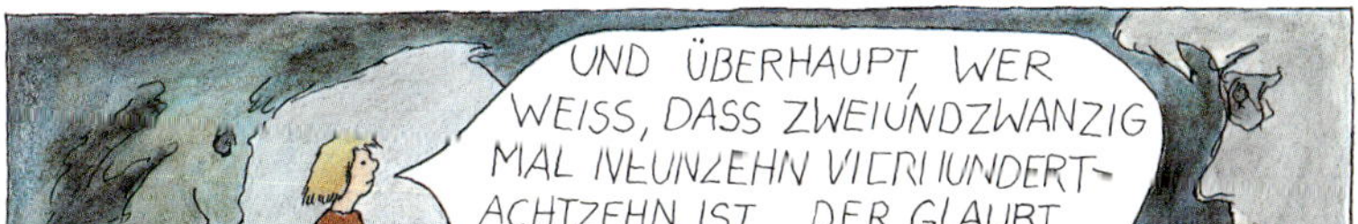


Da waren die Gespenster natürlich sehr beleidigt.

Eines Abends, als das Kind schon im Bett war, erschien ihm ein Gespenst in seinem Kinderzimmer.
»Juuhu«, schrie das Gespenst, »ich bin da. Komm, spielen wir was, spielen wir Fürchten!«
»Gespenster gibt es nicht«, sagte das Kind. »Gespenster sind nur Einbildung!«
»Soo?« sagte das Gespenst.
Am nächsten Tag kam das Gespenst wieder.
»Na, was ist«, sagte das Gespenst, »fürchtest du dich vor mir?«
»Es gibt keine Gespenster«, sagte das Kind.
»Bist du ganz sicher?« sagte das Gespenst und zwickte das Kind in die Nase.
»Gespenster gibt es nicht«, sagte das Kind. »Da hat mich nur irgendwas gejuckt. Und überhaupt, wer weiß, daß vierzehn mal neunundzwanzig vierhundertsechs ist, der fürchtet sich nicht vor Gespenstern!«

»Na schön«, sagte das Gespenst, »wir werden ja sehen.«
Von da an wurde das Gespenst richtig gemein.

Beim Abendessen setzte es sich immer neben das Kind und aß ihm einfach alles vom Teller weg. Das konnte es ganz leicht, weil die andern alle zum Fernsehen guckten, so merkte niemand etwas. Und das Kind dachte sich nur: Gespenster gibt es nicht. Und überhaupt: sechzehn mal dreiundzwanzig ist dreihundertachtundsechzig.

Nur hin und wieder sagte die Mutter: »Ich weiß nicht, du kommst mir so mager vor?«

Aber das Kind sagte nichts.

Dann fing das Gespenst an, dem Kind die Kleider kaputtzumachen. Mal machte es ihm einen Fleck auf die Jacke, mal zerriß es ihm die Jeans, und einmal schnippelte es ihm mit der Schere sogar ein großes Dreieck aus dem T-Shirt.

»Ja, bist du denn von allen guten Geistern verlassen?« schrie die Mutter. »Du kannst doch nicht anfangen, deine Kleider zu zerschneiden? Das kostet doch Geld! Oder willst du jetzt unter die Punker gehen?«

Aber das Kind sagte nichts.

Als es in sein Zimmer ging, saß da das Gespenst und grinste: »Naa? Gibt es mich, oder gibt es mich nicht?«

»Gespenster gibt es nicht, und elf mal neunzehn ist zweihundertneun!«

Da wurde das Gespenst zornig und fing an, die Bücher vom Regal auf den Boden zu schubsen. Dann riß es die Laden vom Spielzeugschrank auf und schmiß Sachen heraus, und schließlich kippte es den ganzen Nachttisch um, so daß die Nachttischlampe zerbrach.
Die Mutter kam hereingestürmt und schrie: »Was ist denn hier los, bist du verrückt geworden? Wie sieht es denn hier aus! Räum das sofort auf, und dann geh ins Bett. Und wenn du nicht aufhörst, so rumzutrotzen, gibt's drei Wochen Fernsehverbot!«

Das Kind räumte auf und verkroch sich in sein Bett. Aber es sagte nichts.
Als die Mutter aus dem Zimmer war, kam das Gespenst hinterm Schrank hervor: »Na, was ist? Glaubst du an mich oder nicht?«

»Gespenster gibt es nicht«, sagte das Kind, »und zwölf mal zehn ist hundertdreiundvierzig.«
»Was?« sagte das Gespenst.
»Oder hundertsechsundvierzig«, sagte das Kind verwirrt.
»Wie?« kicherte das Gespenst.
»Gespenster gibt es nicht«, schrie das Kind, »und sieben mal sieben ist zweiundsiebzig!«
»Soo?« machte das Gespenst.
»Sieben mal fünf ist sechsundvierzig«, schrie das Kind, »nein, achtundvierzig!«
»Jaa???« sagte das Gespenst.
»Aber fünf mal fünf ist dreißig.«
Das Gespenst schüttelte spöttisch den Kopf.
»Zwanzig!«
»Mm – mm«, machte das Gespenst.
»Achtzehn?«
»Tttt!«
Da schrie das Kind auf, sprang aus dem Bett, lief ins Wohnzimmer und warf sich weinend der Mutter in die Arme.
»Ja, was ist denn, mein Kleines, was hast du denn?« fragte die Mutter.
»In meinem Zimmer«, schluchzte das Kind, »in meinem Zimmer, da ist ein

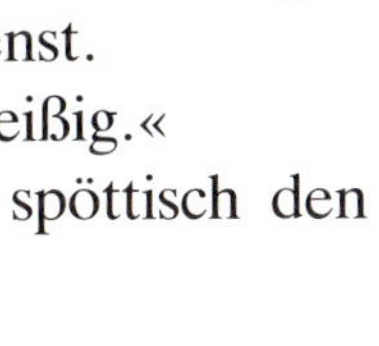

Gespenst, ein scheußliches, gemeines, hinterlistiges Gespenst. Und ich fürchte mich so!«

Und die Mutter nahm ihr Kind in die Arme und wiegte es auf ihrem Schoß, und das Kind schluchzte und schluchzte.

Dann sagte die Mutter: »Wenn in deinem Zimmer ein Gespenst ist, dann müssen wir gehen und nachsehen!«

Und Hand in Hand gingen sie ins Kinderzimmer, die Mutter zuerst, und das Kind hinter ihrem Rücken. Und die Mutter schaute in alle Schränke, hinter den Heizkörper, unters Bett und sogar in die Klappe vom Kassettenrecorder, denn Gespenster können sich auch ganz klein machen.

Aber da war kein Gespenst.

»Bleibst du bei mir, bis ich schlafe?« sagte das Kind.

»Aber freilich«, sagte die Mutter und setzte sich zu ihrem Kind aufs Bett.

Und dann schlief das Kind ein.

# INHALT